L'ŒUVRE DES CERCLES CATHOLIQUES D'OUVRIERS

Et la Question sociale

DISCOURS

PRONONCÉ A LA RÉUNION DU 21 MARS 1877

Par M. A. de MARGERIE

DOYEN DE LA FACULTÉ DES LETTRES A L'UNIVERSITÉ CATHOLIQUE DE LILLE

LILLE

IMPRIMERIE DUCOULOMBIER

45, Rue Nationale, 45

—

1877

L'ŒUVRE DES CERCLES CATHOLIQUES D'OUVRIERS

Et la Question sociale

DISCOURS

PRONONCÉ A LA RÉUNION DU 21 MARS 1877

Par M. A. de MARGERIE

DOYEN DE LA FACULTÉ DES LETTRES A L'UNIVERSITÉ CATHOLIQUE DE LILLE

LILLE

IMPRIMERIE DUCOULOMBIER

45, Rue Nationale, 45

—

1877

L'ŒUVRE DES CERCLES CATHOLIQUES D'OUVRIERS

Et la Question sociale

DISCOURS

PRONONCÉ A LA RÉUNION DU 21 MARS 1877

Par M. A. de MARGERIE

DOYEN DE LA FACULTÉ DES LETTRES A L'UNIVERSITÉ CATHOLIQUE DE LILLE

MESSIEURS,

Rien n'est plus frappant, dans l'histoire de l'Europe moderne, que la merveilleuse loi d'opportunité qui a fait naître chacune à son heure, ni plus tôt ni plus tard, les grandes œuvres inspirées par l'Eglise catholique. Nous les voyons successivement apparaitre dans un défilé magnifique pour répondre aux besoins particuliers du temps où elles se produisent, comme si elles étaient évoquées par la parole créatrice pour guérir la plaie de ce temps et pour armer la civilisation chrétienne contre la lutte qu'elle va avoir à soutenir.

A la veille et au lendemain de l'invasion barbare, lorsque toute culture, celle des champs comme celle des esprits, va disparaitre sous la violence brutale et paresseuse des nouveaux maîtres du monde, apparaissent les moines d'occident pour recueillir et garder le dépôt de la science, pour conserver la dignité du travail des mains, pour ouvrir des asiles aux pacifiques, des refuges aux persécutés de la force matérielle, des retraites où les violents que le repentir a touchés puissent expier par l'obéissance les excès de leur pouvoir, pour discipliner par l'exemple et par l'influence la barbarie triomphante.

Après l'établissement définitif de la féodalité, alors que la faiblesse des pouvoirs publics et le droit barbare des guerres privées menacent d'une oppression plus savante le pauvre peuple chrétien, nous voyons naître cette merveilleuse institution de la chevalerie qui met la force elle-même, l'épée et la lance des fils du conquérant barbare, au service de la justice et du droit désarmés, et donne pour protecteurs aux petits et aux faibles, aux veuves et aux orphelins, les rudes batailleurs qui avaient été ou allaient être leurs tyrans.

Au treizième siècle, lorsque l'Europe, déjà civilisée par l'Eglise, devient chercheuse et disputeuse, lorsque l'hérésie albigeoise étend de plus en plus ses désastreuses conquêtes, lorsque les grands monastères bénédictins, légitimement enrichis par leur travail et par les dons de la reconnaissance publique, semblent tentés de s'endormir quelque peu dans leurs paisibles domaines, l'inépuisable fécondité de l'Eglise suscite les ordres héroïques de saint François et de saint Dominique qui prennent, par la science et le génie, la tête du mouvement intellectuel et, en même temps, remettent la sainte pauvreté en honneur, assurant ainsi tout à la fois le triomphe de l'esprit sur la matière, le triomphe de la vérité et de la sainteté catholiques sur les mensonges et les corruptions de l'hérésie.

Vient la grande apostasie du seizième siècle. Il semble que la coalition des convoitises ardentes à la curée et des passions orgueilleuses et sensuelles tenues en bride par l'Eglise catholique va tourner contre elle l'Europe toute entière. Il faut à l'Eglise de nouvelles forces ; il faut au torrent de nouvelles digues. La Compagnie de Jésus entre en scène ; et devant cette milice disciplinée de saints et de héros l'ennemi s'arrête et recule, tandis que, dans l'extrême Orient, de prodigieuses conquêtes comblent les vides laissés par les défections européennes.

Un siècle plus tard, quand la fin des guerres de reli-

gion permet à l'Eglise de compter ses blessures, quand
le catholicisme et le protestantisme se trouvent face à
face comme deux mondes et que la conscience publique
est appelée à faire la comparaison de l'un et de l'autre,
saint Vincent de-Paul nous est donné comme un type de
cette plénitude de charité dont l'Eglise catholique a le
privilége, comme un défi à l'hérésie de porter de telles
fleurs et de tels fruits sur sa tige où ne coule plus la sève
de la vraie vie chrétienne ; et il laisse derrière lui son in-
comparable famille de mères des petits et des pauvres,
admiration et désespoir des sectes dissidentes qui s'éver-
tuent en vain à produire une sœur de charité.

Toutes ces grandes œuvres ont été les réponses divi-
nes de l'Eglise catholique à un cri de l'humanité en dé-
tresse ; et si je ne craignais de changer cet exorde en un
discours, j'en dirais autant de bien d'autres, des Frères
de la doctrine chrétienne, de la Société de saint Vincent-
de-Paul, des Petites-Sœurs des Pauvres ; et si loin que
je prolongeasse la liste, je ne réussirais pas à l'épuiser.

Je voudrais vous montrer, Messieurs, que ce caractère
d'opportunité marque profondément de son empreinte
l'œuvre au nom de laquelle nous vous avons réunis. Je
n'ai pas d'autre but que celui-là. Si je l'atteignais, si je
pouvais faire passer dans vos esprits et dans vos cœurs
ma conviction profonde à cet égard, je suis sûr que ni
moi, ni l'éloquent religieux, — veut-il me permettre de
dire l'éloquent frère d'armes (1) ? — à qui j'aurai hâte de
céder la parole, n'aurions plus rien à ajouter.

Avant de pénétrer dans l'intérieur même de l'œuvre, je
la regarde par le dehors, et je la vois marquée de deux
signes qui, réunis, ne trompent guère : sa diffusion prodi-
gieusement rapide , et les contradictions ardentes qu'elle
soulève.

L'idée d'associer les ouvriers pour assurer, par la force
de l'exemple mutuel et par le lien des amitiés chrétiennes
la conservation de leur foi et de leur vertu, pour les

____

(1) Le R. P. Boulanger, des Frères-Prêcheurs.

préserver en particulier des détestables tentations du lundi par un emploi à la fois agréable et honnête, reposant et sanctifiant du dimanche, n'est pas nouvelle en France. Depuis plus de vingt ans, elle a une réalisation excellente, un échantillon qui est un modèle, à Paris, au Cercle du Mont-Parnasse ; elle en avait un à Metz (hélas ! il faut parler de celui-ci au passé depuis que la noble cité a cessé d'être française) dans l'établissement admirable de M. l'abbé Riss ; elle en avait dans un très-petit nombre d'autres villes, dans deux ou trois peut-être ; mais c'était tout. Son heure n'était pas venue ; et la pensée si simple et si féconde qui avait présidé à ces rares fondations sommeillait, comme le grain de blé sommeille sous la terre couverte de neige. L'heure vint au lendemain de nos désastres et quand les incendies de la Commune fumaient encore. A partir de ce moment, sous l'impulsion de quelques jeunes officiers aidés de quelques *civils*, sous la parole ardente et charmante de l'illustre ami que je regrette tant de ne pas voir à cette place, l'idée prend partout comme une traînée de poudre. A l'heure qu'il est, il n'y a peut-être pas en France une ville de premier, de second ou de troisième ordre où l'œuvre des Cercles catholiques d'ouvriers n'ait planté son drapeau ; il n'y en a pas une de quatrième ou de cinquième qui ne travaille à la naturaliser chez elle. Ce long sommeil, ce soudain et immense épanouissement, n'est-ce pas un premier signe d'une harmonie providentielle entre un grand besoin et un grand effort pour le satisfaire, entre une grave blessure et un remède efficace ?

Si vous en doutez, regardez le second signe. Voyez à travers quelles difficultés de toute sorte l'œuvre a fait ce chemin magnifique, à travers quels préjugés des populations ouvrières dressées à haïr l'Eglise comme cause ou complice de leurs maux, et à voir un *exploiteur* en tout bourgeois qui s'occupe d'elles autrement que pour flatter leurs passions, — à travers quelles objections découragées venues de beaucoup de conservateurs, hélas ! et de plusieurs chrétiens, — à travers quelles énormes difficultés financières, — surtout à travers quelles calomnies, quels cris

de colère, quelles dénonciations persévérantes, quelle
coalition formidable de tous les ennemis de l'Eglise
catholique dans la presse, dans les assemblées poli-
tiques, dans les ateliers, dans les cabarets. Puis demandez
à votre raison si un souffle d'en haut n'anime pas l'œuvre
qui grandit avec tant de puissance au sein de tant
d'orages; demandez à vos cœurs si l'honneur d'être
confondue dans une même haine avec l'Eglise catholique,
avec l'Evangile, avec Dieu, avec les principes fonda-
mentaux de toute société régulière n'est pas pour l'œuvre
des Cercles le plus beau des certificats, attestant, par la
signature même de l'ennemi, que cette œuvre est une
force, que le parti de la destruction et de la négation
trouve en elle une digue où il craint que son flot ne se
brise ?

Qu'est-ce donc, Messieurs, que cette œuvre? A quelle
maladie du présent, à quel besoin de l'avenir offre t-elle
un remède et une satisfaction? A quel problème apporte-
t-elle une solution ?

Je réponds en deux mots : Elle est la solution pratique
et actuelle du problème social.

Qu'est-ce que le problème social? C'est le problème de
l'harmonie entre les classes dont la société se compose,
entre les classes dirigeantes et les classes dirigées, entre
le bourgeois et l'ouvrier, entre le petit groupe qui possède
la triple supériorité de la richesse, de la culture intellectuelle, de l'influence, et la masse immense qui, en
somme, vit au jour le jour du travail de ses bras.

Est-ce là un problème? Oui, certes; car l'harmonie ne
s'établit pas toute seule et par la force des choses. Tout
au contraire, il est dans la nature humaine, si elle reste
abandonnée à elle-même, que celui qui n'a pas ou a
moins, et qui est au-dessous, jette un œil d'envie sur celui
qui a plus et qui est au-dessus, et que cette envie en-
gendre la haine, et que cette haine produise la guerre
sociale.

Le problème est-il résolu? Messieurs, lisez notre histoire depuis bientôt un siècle, regardez autour de vous, et

répondez vous-même. Oui ou non, y a-t-il en France, en Europe, deux nations profondément séparées l'une de l'autre, une nation que vous êtes et une nation que vous cotoyez, que vous coudoyez, avec laquelle vous êtes en relations quotidiennes, qui, en temps ordinaire, vit du travail que vous payez et, en temps de crise, de l'assistance que vous donnez, mais dans l'âme de laquelle vous ne pénétrez pas, qui vous considère comme l'ennemi, qui maudit un ordre social où elle se juge deshéritée, qui murmure contre vous comme contre les injustes détenteurs de sa part de l'héritage, une nation qui, à cause de cela, ne vous sait nul gré de ce que vous faites pour elle, qui se croit méprisée et se sait redoutée de vous, une nation mécontente et sombre, malheureuse souvent parce que sa vie est dure, malheureuse toujours parce que son cœur est aigri et parce qu'elle n'a pas d'horizon et de ciel, une nation dont le grondement sourd ne s'interrompt jamais et dont les explosions soudaines viennent périodiquement vous glacer d'épouvante ? Oui ou non, cela est il ? Peut-on nier que cela soit quand on se souvient des dates sinistres de ce siècle ? Peut-on le nier quand on a des oreilles pour entendre, et des yeux pour lire et pour voir tout ce qui se dit, tout ce qui s'imprime, tout ce qui se fait et tout ce qui se prépare ?

Et cependant les solutions n'ont pas manqué.

La force s'est proposée pour maintenir l'ordre, et y a momentanément réussi. Mais l'ordre extérieur n'est pas l'harmonie dans les âmes ; la force matérielle ne résoud pas les questions de l'ordre moral ; réduite à elle-même, elle est vite usée ou brisée. Et finalement, quand on se compte, il faut bien voir qu'elle est entre les mains de celle des deux nations qui, se trouvant mal partagée, aurait aussi intérêt à détruire.

La solution socialiste s'est proposée avec ses promesses d'âge d'or. Mais le socialisme est précisément cette guerre sociale qu'il s'agissait d'éviter. Au fond, il aboutit à la spoliation et au partage. Dès le lendemain de la victoire l'inégalité reparaît par la force des choses, et

avec elle le problème qu'on croyait résolu et qui se pose
de nouveau au milieu des ruines.

L'économie politique est venue à son tour, apportant,
je me hâte de le dire, non des rêves mais des vérités. Elle
a dit des choses excellentes ; elle a victorieusement établi
que les intérêts des diverses classes sociales sont soli-
daires et non pas opposés, ou, comme elle dit, *harmoniques*
et non pas *antagoniques* ; que la société est bienfaisante
pour ceux même qui en occupent les derniers rangs ; que
le socialisme est simplement absurde, et ne produit que
l'égalité dans la misère. Les pouvoirs publics, nous l'avons
vu il y a vingt ans, se sont reposés avec une quiétude
merveilleuse dans ces résultats scientifiquement acquis ;
se persuadant qu'il n'y avait plus de problème, ils se
sont croisé les bras comme un professeur de géométrie
qui n'a plus rien à faire lorsqu'ayant achevé la preuve
mathématique d'une proposition, il a pu dire : *c'est ce qu'il
fallait démontrer*.

Et, pratiquement, cela n'a pas fait faire un pas à la
question. La lumière sèche apportée à l'esprit n'a pas
guéri une blessure intérieure, inspiré une résignation,
dompté une convoitise. A cette question brutale : pourquoi
est-ce vous qui avez la belle part et moi la mauvaise ? elle
n'a point apporté de réponse. Au dessein révolutionnaire de
tout bouleverser pour intervertir les rôles et pour se dé-
couper un large lot dans la liquidation sociale, elle n'a
pas apporté une entrave.

Donc, toutes les solutions purement humaines ayant
échoué, les unes comme radicalement fausses, les autres
comme impuissantes à triompher de l'obstacle, n'est il
pas visible, n'est-il pas plus clair que le jour qu'il nous
faut une solution plus qu'humaine ; que nous ne la trou-
verons pas en dehors de l'Evangile, et de l'Eglise qui a
l'Evangile en sa garde ; et qu'il s'agit pour notre société
ou de redevenir chrétienne, ou de périr par l'inévitable
choc des deux frères ennemis dont elle se compose ? Oui,
c'est dans ce foyer de vérité et de tendresse, et là seulement, que ces deux frères, séparés l'un de l'autre parce
qu'ils le sont du Père commun, peuvent se rapprocher, se

reconnaître, s'unir, et se jeter dans les bras l'un de l'autre par l'étreinte d'un indissoluble amour. A ce foyer la nation ouvrière comprendra la dignité et la beauté de son rang dans le plan divin de l'humanité. Elle y verra que, si elle occupe les échelons inférieurs dans la hiérarchie terrestre de la société civile, en revanche elle occupe le sommet dans la hiérarchie supérieure de la société religieuse ; qu'à elle, non à nous, appartient l'*éminente dignité* dans l'Eglise ; que notre maître et notre Dieu à tous a choisi ici-bas sa condition, non la nôtre, et qu'il s'appelle Jésus ouvrier. Munie de ces lettres de noblesse enfin retrouvées, ayant la vue chrétienne de la vie présente où toute souffrance est la préparation d'une couronne, et où les épreuves les plus austères sont le signe des vocations les plus hautes, tenant son regard fixé vers le terme de la carrière où se distribuent les récompenses éternelles, la nation ouvrière accepterait avec la fierté qui convient aux grandes races toute sa tâche et tous ses devoirs. Elle aimerait ceux qui sont humainement au-dessus d'elle et divinement au-dessous, comme on aime des aînés et en même temps comme on aime de jeunes frères. Et faisant résolument son obscur et glorieux travail de chaque jour, il arriverait infailliblement qu'elle relèverait peu à peu par surcroît sa condition terrestre elle-même.

Que faut-il donc pour opérer cette réconciliation qui est tout le problème ? Il faut d'abord que Dieu soit rendu à la nation ouvrière. Ou plutôt il faut qu'à l'âge de la vie où un horrible larcin lui enlève presque toujours ce trésor possédé par son enfance, une force vigilante arrête l'entreprise scélérate du ravisseur.

C'est là le premier aspect de l'Œuvre des Cercles catholiques d'ouvriers.

Saisir le jeune ouvrier au moment où commence pour lui la crise de la liberté, lorsque après l'école encore chrétienne, au sortir du patronage qui a conservé en lui les fruits de la première communion, il se sent homme et ne peut plus être mené avec des lisières, lorsque à toutes les tentations du dedans et du dehors s'ajoutent, dans l'atelier et l'usine, les rires, les obsessions, les persécutions des méchants à qui il déplaît qu'un jeune homme pratique les vertus dont ils ne veulent plus pour eux-mêmes, réunir ces bonnes volontés fragiles, les tirer du péril de l'isolement, les fortifier par l'association, leur donner un drapeau dont l'honneur leur soit confié, faire naître parmi eux le souffle et les institutions de la corporation chrétienne, leur rendre l'association agréable et chère par d'honnêtes et purs plaisirs qui les détournent de gaspiller ou de souiller les heures du loisir, pénétrer ainsi toute leur vie d'un esprit de piété, de devoir, de fraternité véritable, faire cela c'est obtenir un résultat immense ; car c'est d'une part faire aboutir tout le travail, toute la préparation chrétienne de l'école et du patronage ; et d'autre part c'est promettre des chefs chrétiens aux familles à venir et multiplier le bien fait à un seul par celui qu'il fera lui-même à tous ceux qui naîtront de lui. Et j'ajoute que, dans les conditions actuelles de la société française, une telle œuvre n'est pas seulement utile, mais rigoureusement nécessaire, tout au moins quant à son principe qui est l'association. Il est absolument chimérique d'espérer que les adolescents chrétiens qui entrent dans la vie virile échapperont, s'ils restent isolés et clair-semés, aux piéges tendus sous chacun de leurs pas avec une habileté infernale. Ils succomberont, et iront grossir la masse énorme du peuple sans Dieu, masse redoutable parce qu'elle n'a plus d'énergie que pour détruire, mais surtout masse digne de pitié parce qu'elle se perd.

Ce sentiment douloureux des périls certains et des chutes presque inévitables du jeune ouvrier livré à lui-même, cette foi profonde dans la puissance de l'association chrétienne pour le préserver et le fortifier dans le bien ont largement contribué à populariser l'œuvre des Cercles catholiques d'ouvriers. C'est par ce côté qu'elle se recommande tout d'abord ; et c'est par ce côté que je l'ai présentée moi-même, il y a trois ans, aux premiers amis qu'elle a rencontrés à Nancy. Je leur ai dit

la chose en quelques vers que je vous demande la
permission de vous relire, espérant que vous me pardon-
nerez ce souvenir de ma chère Lorraine, et que l'idée
obtiendra grâce pour la rime.

> L'homme. enfant de ce Dieu qui créa la lumière,
> Ne vit pas seulement de pain sur cette terre ;
> Et lorsque les périls croissent autour de lui,
> C'est son âme surtout qui réclame un appui.
>
> Or, l'imprudent marin qui se risque sur l'onde
> Quand l'ouragan rugit et que la foude gronde,
> Par de moindres périls peut-être est menacé
> Que le jeune ouvrier dans le monde lancé.
> Là, contre sa vertu tout se ligue et conspire ;
> Du Dieu qu'il aime encor partout il entend rire ;
> On le somme de rire aussi : la liberté
> Pour son noviciat veut cette lâcheté.
> Puis, il faut, — ou l'on n'est qu'une petite fille, —
> Traiter de haut en bas les vertus de famille.
> Importune barrière, avis hors de saison,
> Vieux vêtements usés qu'on laisse à la maison.
> Puis, quand de la jeune âme on a poussé le siége,
> Le cabaret, le jeu. l'estaminet, que sais-je ?
> Font leur œuvre... Ah ! j'allais oublier le journal.
> Qui, chaque matin. prouve en style radical
> Que croire à l'Evangile est signe de sottise ,
> Que le grand ennemi du peuple c'est l'Eglise,
> Et que le moyen sûr d'être un homme de bien
> Et d'arriver à tout, c'est de ne croire à rien.
>
> Pas à pas, descendant sur la pente funeste,
> Des gênantes vertus il dépouille le reste.
> Faible contre lui-même et contre Dieu hardi,
> Il ne sait plus chômer de saints que saint Lundi.
>
> Est-tout ? Mécontent de lui-même, irrité
> Contre tous, il s'en prend à la société.
> C'est la règle. Aussi bien, pourquoi donc la traitresse
> Au prix du long travail met-elle la richesse ?
> Ne devait-elle pas, par d'immenses plaisirs,
> Gratuitement répondre à ses vastes désirs ?
> Et les méchants alors, trouvant l'heure propice,

Enrôlent ce jeune homme et s'en font un complice
Pour ces noirs attentats qui, d'un fer assassin,
De la patrie en deuil déchireront le sein.
Rêve horrible ! Et ce rêve, hélas ! est une histoire
Dont nous gardons encor la sinistre mémoire.

J'ai décrit le remède en décrivant le mal
Pour sauver l'ouvrier de ce piège fatal,
Pour garder sa vertu, fleur délicate et frêle,
Pour préparer en lui le serviteur fidèle
De la France et de Dieu, que faut il aujourd'hui ?
Puisque l'isolement va le perdre, offrons-lui
De fraternelles mains à mettre dans les siennes,
Et l'attrait doux et fort des amitiés chrétiennes.
Cherchons sans nous lasser, comme on cherche un trésor,
Ces vaillants travailleurs en qui subsiste encor,
Dans la contagion qui souille l'atmosphère,
Le culte de l'honneur et la foi de leur mère ;
Et ces adolescents, hier naïfs apprentis
Qu'un pieux patronage a longtemps garantis,
Mais que, s'ils restent seuls, leur liberté novice
Défendra mollement des atteintes du vice.
Puis, pour les réunir, tâchons de nous pourvoir
De quelque abri modeste, ample et riant à voir,
Où l'on puisse entre amis, jouer, causer et lire,
Fumer un peu, chanter en chœur, et surtout rire
De ce rire joyeux, clair comme le cristal,
Qui de la paix du cœur est l'écho triomphal.
Dames et dominos, et le loto classique,
Aux savants les échecs, aux ténors la musique,
A tous, superbement rangés sur leurs rayons,
Des livres bien choisis, en épais bataillons :
Un jardin, où l'été, s'ébatte la jeunesse,
Un gymnase où, du corps exerçant la souplesse,
Elle rende des points à ces singes malins
Qu'un savant trop peu fier nous offre pour cousins ;
Enfin, enveloppant d'une ombre maternelle
Tout ce peuple joyeux d'amis, une chapelle,
La tribune sacrée où Jésus est prêché ;

Et l'humble tabernacle où dort le Dieu caché ;
Voilà sous quels abris, par quelles simples fêtes,
Nous pourrons assurer et grossir nos conquêtes.
    C'est là, n'en doutez pas, que la fraternité,
Mensonge ailleurs, serait une réalité ;
Là que se fonderaient ces amitiés vaillantes
Qui rendent la vigueur aux âmes défaillantes ;
Là que l'on apprendrait à ne jamais rougir
De ce Dieu pour lequel il faut savoir mourir ;
Là que se formeraient en silence, ô patrie !
Les vengeurs à venir de ta gloire flétrie !

Supposons maintenant que vous puissiez créer une telle œuvre par un coup de baguette, et qu'il vous suffise d'être ses banquiers pour qu'elle marche toute seule, sera-ce assez pour la réconciliation? Non, car si vous voulez être aimés de l'ouvrier, il faut lui prouver que vous l'aimez. Or c'est à quoi l'argent ne suffit pas. L'ouvrier aura beau savoir que la maison où il est accueilli est votre don, et que l'équilibre du budget annuel de son Cercle est l'effet de votre libéralité, on lui persuadera que vous n'avez songé qu'à faire la part du feu, et que vos souscriptions ne sont qu'une prime d'assurance contre les risques de votre capital. Non, cela ne suffit point. Il faut que vous fassiez tous les pas vers lui, afin qu'il les fasse à son tour. Votre argent n'est que le pas de votre bourse; le pas décisif, c'est le pas du cœur, c'est le don de soi-même.

Et c'est là le second aspect, — le plus profond, le plus élevé et le plus vrai — de l'œuvre des Cercles : le dévouement de la classe dirigeante aux classes laborieuses. Allez à l'ouvrier; le Cercle vous offre ce que vous ne cherchiez peut être pas assez, ce qu'en tous cas vous ne trouviez et ne trouverez point ailleurs, le terrain d'une entrevue qui, si elle est cordiale de votre part, le sera bientôt de la sienne. A l'usine, ou dans votre maison, ou dans votre château, vous êtes le patron ou le maître, et il se tient sur la défensive. Au Cercle, c'est tout autre chose. Sans perdre votre rang, vous êtes son frère parceque vous êtes son confrère; au lieu d'une relation qui sépare, et qui semble opposer les intérêts, vous trouvez toute faite une relation qui unit les cœurs et qui non seulement permet, mais produit sans effort la cordialité réciproque. Vous n'aurez point de popularité artificielle à y faire, vous n'aurez point de familiarité insolente à y craindre, vous n'aurez pas beaucoup de difficultés à vaincre pour vous mettre à l'aise, vous en aurez moins encore pour y mettre l'ouvrier ; la combinaison du respect affectueux et de la confiance discrète s'opèrera d'elle-même dans son attitude et dans son langage ; et ces communications nous donneront plus d'une fois l'occasion d'admirer chez lui un tact et une délicatesse que vous ne soupçonniez pas. Vous croyiez que ces plantes distinguées ne croissaient que dans les hautes couches sociales et dans l'atmosphère des salons ; vous apprendrez à en connaître une variété nouvelle, la *variété ouvrière chrétienne*.

C'est là, Messieurs, le fond et la vérité des choses. Si vous voulez la paix sociale, soyez aimés. Si vous voulez être aimés, aimez les premiers. Si vous voulez qu'on croie que vous aimez, donnez-vous la peine de le montrer non pas seulement par des actes qui laissent votre personne derrière le rideau, mais par des actes qui établissent une communication entre votre cœur et celui de l'ouvrier. Cachez vos dons, soit ; mais montrez-vous. Quand on aime les gens, on va les voir, on se mêle à leur vie, on s'intéresse à ce qui les touche. Les cœurs sont à ce prix ; et tout cela c'est l'application de notre programme : *dévouement aux classes ouvrières*.

Et là dessus, permettez-moi une vue d'avenir,— un rêve, direz-vous ? — non, une prophétie, si vous savez vouloir.

Je suppose que toutes ces vérités soient pratiquement comprises non par quelques-uns, mais *en masse* par tout ce qu'il y a de conservateurs dans la classe dirigeante. Je suppose que cette classe, s'étant demandé sérieusement pourquoi elle est au monde, pourquoi elle a les dons d'une richesse et d'une éducation supérieures, reconnaisse que ces dons constituent, dans le plan de la Providence, un dépôt qu'elle doit administrer au profit de ceux qui sont au-dessous d'elle. Je suppose que remontant vers son passé, elle s'avoue à elle-même qu'elle n'a pas toujours été fidèle à ce devoir en ce qu'il a de plus élevé, et qu'elle est en partie responsable de l'athéisme pratique des populations ouvrières de notre temps, puisque c'est d'en haut que l'incrédulité est descendue dans le peuple. Je suppose qu'en conséquence un devoir de réparation s'ajoute, dans sa conscience, au devoir de patronage fraternel qui lui est imposé en tout temps par la loi de justice et d'amour. Je suppose que la formule : *dévouement à la classe ouvrière* devienne, sous la forme féconde de l'association, le programme fidèlement suivi de sa conduite. Et cela supposé, je demande où en serait la question sociale ?

Messieurs, il n'y aurait plus de question ; il y aurait une solution qui, partout appliquée, serait bientôt partout acceptée. Il n'y aurait plus besoin de briser le mur de glace qui nous sépare de nos frères ouvriers ; ce mur se serait fondu de lui-même sous le souffle puissant et doux de l'amour.

Et c'est cela qu'il faut faire, et c'est à cette tâche sainte qu'il faut s'atteler avec d'autant plus d'énergie que nous ne sommes encore une brigade, tout au plus une division, au lieu de l'immense armée que nous devrions être.

Donc, ne mettez point en avant les raisons qu'on trouve toujours à son service pour se dispenser d'agir.

Ne dites pas que l'effort sera vain, que les temps sont mauvais, que l'avenir est plein de menaces, que peut-être sommes nous à la veille de périr. Oui, le présent est dur et l'avenir est sombre ; mais n'est-il pas visible que précisément à cause de cela il faut combattre, et mettre dans notre balance qui penche vers l'abîme le poids qui peut la relever ?

Ne dites pas non plus que cela coûte trop cher. Non, ne le dites pas, d'abord parce que cela n'est ni chrétien ni français quand il s'agit d'une œuvre que tout nous désigne comme le moyen actuel du salut des âmes et de la patrie. Et puis, ne le dites pas, parce que cela n'est

pas vrai, même au point de vue un peu inférieur où se
placent ceux qui ont coutume de le dire. Ce qui est vrai,
c'est le contraire. Dans l'ordre purement économique,
abstraction faite de toute considération morale, j'ose affir-
mer que l'œuvre est au plus haut degré productive, et
et qu'il n'y en a point qui puisse contribuer plus efficace-
ment au progrès de la richesse générale.

Cela vous étonne peut-être, et pourtant la chose est
telle. Si le temps et le lieu me permettaient d'entrer à fond
dans ce coté de la question et de parler, registres en
main, le langage des affaires, je voudrais vous produire
deux statistiques, dont la comparaison suffirait à prouver
la rigoureuse vérité de ce que je viens de vous dire.

La première consisterait dans un relevé exact des frais
de premier établissement des trois cents cercles catholiques d'ouvriers qui existent en France. Le total vous en
semblerait peut-être inquiétant, et je reconnais volontiers
qu'il aurait quelque ampleur. J'y ajouterais encore, pour
donner à l'objection toute sa force, le total des souscriptions qui figurent à titre de recette annuelle dans le budget de ces trois cents cercles.

En regard de cette première statistique j'en placerais
une autre dont je veux du moins vous indiquer les principes et les éléments.

Et d'abord tous les économistes enseignent qu'il y a des
dépenses productives et des dépenses improductives,
que les premières augmentent la richesse d'une nation,
et que les secondes la diminuent. Une dépense est productive lorsqu'elle crée un instrument de travail capa-
ble de rapporter plus qu'il ne coûte. Si, par exemple, vous
installez dans votre usine ou dans votre ferme une ma-
chine industrielle ou agricole qui paie l'intérêt de son
prix et vous rapporte, de plus, un bénéfice, la dépense
aura été productive quelque soit le capital engagé Au
contraire, une dépense est improductive lorsqu'elle n'a-
boutit qu'à une satisfaction des sens ou de la vanité,
satisfaction également inutile au corps dont elle n'augmente
mente ni la santé ni la dextérité, et à l'âme dont elle
ne développe ni la force intellectuelle, ni la force morale.

Les dépenses de pur luxe ont ce fàcheux caractère ;
elles détruisent l'épargne, que les dépenses productives
eussent accrue ; et, à ce titre, elles ne sont pas moins
blâmées par l'économie politique que par l'Evangile.

Or vous conviendrez avec moi que parmi les dépenses
improductives il n'en est pas de plus funeste que celles
du cabaret avec ses annexes inavouables, et que la mieux
placée des dépenses productives est celle qui va à ame-
liorer le plus nécessaire et le plus merveilleux des instru-
ments de travail, l'homme lui-même, la santé, les forces,
la dextérité, l'énergie laborieuse, la longévité de l'ouvrier.

Et maintenant, dressez comme il vous plaira, la se-
conde statistique. Calculez d'une part ce que l'ouvrier
sans principes et sans mœurs détruit de richesse dans le
présent par les satisfactions grossières de l'ivresse et de
l'inconduite, ce qu'il en tarit dans sa source en usant ses
forces, en hébétant son intelligence, en perdant l'habi-
tude du travail, en prenant prématurément le chemin de
l'hôpital et du cimetière, en laissant derrière lui une pos-
téritée étiolée, inclinée par son exemple à l'oisiveté et au
vice, ce qu'il coûtera enfin à la charité publique et privée
par la misère où il précipite sa famille. Calculez d'autre
part l'énorme force productive qui s'accumule dans l'ouvrier lorsque des parents chrétiens consacrent leur épargne à l'élever dans des conditions physiques qui lui
fassent un corps robuste, leur sollicitude à former en
lui l'esprit d'obéissance et de travail, à conserver pré-
cieusement la pureté de ces mœurs, leur vie à lui
donner l'exemple de la fidélité au devoir, à lui inspirer
le goût des joies saines de la famille, à placer tous ces
sentiments et toutes ces vertus sous la sauvegarde, seule
efficace, de la foi et de la piété. Ce total obtenu, multi-
pliez-le par les 150 à 200 unités humaines que contient
en moyenne un de nos Cercles, et par les branches nouvelles qui, à chaque génération, sortiront de ces souches
vigoureuses. Enfin, cotez au plus haut ces frais de
premier établissement et ces frais d'entretien dont vous
étiez tout-à-l'heure effrayés ; cotez au plus bas la richesse

sauvée et la production préparée par cette usine morale
qu'on appelle un Cercle catholique d'ouvriers ; puis com-
parez la dépense au produit ; et vous reconnaîtrez que
jamais capital n'a été employé d'une manière plus fruc-
tueuse.

Ainsi se vérifie une fois de plus la parole du divin maître : *Cherchez d'abord le royaume de Dieu et sa justice ; et
tout le reste vous sera donné par surcroît.* L'œuvre des
Cercles catholiques d'ouvriers cherche d'abord le royaume de Dieu ; son premier et dernier but est de coopérer
au salut des âmes, sous la direction docilement suivie de
la Sainte Eglise catholique. Et, à cause de cela, deux sur-
croîts magnifiques sont promis à son apostolat : la solution du problème social par la réconciliation des classes,
— la solution du problème économique par l'accroisse-
ment de la richesse générale.

Et maintenant vous ne vous étonnerez pas que nous
nous occupions d'établir trois cercles nouveaux dans
votre grande cité, et que nous vous demandions, à cet
effet, votre plus actif concours de souscripteurs ou de
quêteurs. Nous vous prévenons loyalement qu'ils ne
seront pas les derniers, et que, dans cette vaste agglomé-
ration lilloise où chaque paroisse est presque une ville,
nous avons pour objectif final la constitution d'un Cercle
par paroisse. A cette condition seule nous entraînerons
l'énorme masse qui échappe encore presque entièrement
à notre action, je veux dire les ouvriers de la grande industrie, de cette industrie qui est votre gloire par sa puissance et par le généreux emploi que vous savez faire
de la richesse qu'elle produit, mais qui est aussi votre
douleur par la barrière invisible que vous sentez entre
vous et l'immense population ouvrière dont elle rénu-
mère le travail, et qui serait votre couronne s'il vous était
donné de rendre cette population à Dieu, à la paix, aux
vertus de famille, et de sentir dans votre main sa forte
main conduite par son cœur.

Il n'y a, Messieurs, qu'un secret pour l'entamer ; il faut
refaire la manœuvre qui a gagné la bataille de Fontenoy.

L'armée anglaise, après avoir refoulé nos premières lignes, s'était formée en une colonne compacte, hérissée, formidable; elle s'avançait d'un pas régulier, renversant tout sur son passage; régiment après régiment s'était brisé contre l'immense dragon rouge dont rien ne pouvait arrêter le mouvement destructeur. Quelqu'un, — c'était je crois, le duc de Richelieu, — vint dire au maréchal de Saxe : *Du canon, et de la cavalerie !* du canon pour ouvrir une brèche dans cette muraille vivante, et de la cavalerie pour s'y jeter ! — L'avis fut suivi avec un admirable ensemble. Le canon fit sa trouée; toute la cavalerie française s'y précipita comme un tourbillon. La colonne anglaise était atteinte en plein cœur et n'avait plus qu'à se disperser et à se rendre.

Eh ! bien, Messieurs, ici encore, *du canon et de la cavalerie !* Le canon, c'est le métal, c'est-à-dire la souscription; le métal était du bronze à Fontenoy, à Lille il sera de l'or. La cavalerie est chose ardente, elle a des ailes et de la flamme; c'est l'élan, c'est le dévouement personnel, c'est l'amour qui part du cœur et atteint le cœur. Ouvrez avec votre artillerie une brèche dans cette masse résistante; et quand la brèche sera faite, précipitons-nous dans ses profondeurs. Atteignons le cœur de l'ouvrier, et contraignons-le de se rendre à Notre-Seigneur Jésus-Christ, le seul vainqueur dont il soit glorieux de porter les fers. Nous aurons fait une œuvre chrétienne et sociale : comme nos pères à Fontenoy, nous aurons fait œuvre française.

Lille. imp Ducoulombier, rue Nationale, 45.